Inhalt

Vorwort und Anmerkungen zur Arbeit mit dem Material

Wer kennt es nicht, das Sprichwort: „Übung macht den Meister!"

Das Üben gehört zum menschlichen Leben und ist Grundlage, um motorische und kognitive Fähigkeiten zu entwickeln und Fertigkeiten aufzubauen. Die Wiederholung von bestimmten Tätigkeiten und Inhalten gehört zum Grundprinzip des Übens. Übung soll aber neben der Reproduktion immer auch Vertiefung, Vernetzung, Transfer und Problemlösen fördern.[1]

Nach Hilbert Meyer[2] gibt es Erfolgsfaktoren für erfolgreiches Üben. Der Gegenstand sollte für den Schüler[3] unter anderem subjektiv bedeutsam, sinnvoll und strukturiert sein sowie einen hohen Grad an Selbstständigkeit ermöglichen. Das Prinzip der Ähnlichkeitshemmung sollte beachtet werden; das heißt, gleiche oder sehr ähnliche Inhalte sollten nicht zeitgleich geübt werden. Nur das, was immer wieder wiederholt und angewandt wird, wird auch dauerhaft behalten.

Regelmäßige Übungsphasen erhöhen den Erfolg. Meinen Schülern sage ich immer:

Mit dem Üben ist es wie mit der Einnahme von Hustensaft:
Man trinkt nicht die ganze Flasche auf einmal aus,
sondern man nimmt regelmäßig kleine Mengen ein.

Nach diesem Prinzip soll mit den vorliegenden Arbeitsmaterialien die Rechtschreibung Ihrer Schüler geübt und gefestigt werden. Die Übungen erfolgen in kleinen Einheiten, die in einem überschaubaren Zeitrahmen in der Schule oder zu Hause eingesetzt werden können.

Tipp: Die Arbeitszeit mit dem Kurzzeitwecker „stoppen." Ist die Zeit abgelaufen, geht es das nächste Mal an dieser Stelle weiter.

Klare Arbeitsaufträge, abwechslungsreiche Aufgabenformate und sich wiederholende Übungsabläufe geben Sicherheit und ermöglichen Selbstständigkeit. Nach erfolgreicher Bearbeitung können die Kinder im Arbeitsplan die Bilder zu den gelösten Aufgaben anmalen und behalten so den Überblick über ihre Arbeit.

Die Materialien können kopiert und als Übungsmappe geheftet werden. Sie können auch in einzelnen Sequenzen bearbeitet werden. Es sollte immer ein gesondertes Schreibheft zur Verfügung stehen, damit durch wiederholtes Schreiben die Rechtschreibung geübt wird.

Als weiterführende Übungsmöglichkeit können Ihre Schüler eine Kartei anlegen. Das gesamte Wortmaterial oder immer wieder falsch geschriebene Wörter können so zusätzlich und selbstständig mit dem Karteikasten gefestigt werden.

Wichtig ist bei aller Selbstständigkeit die Kontrolle, um zu vermeiden, dass unerkannte Fehler sich einschleichen.

In diesem Band werden für die Wortarten und den Numerus die lateinischen Begriffe verwendet. Es empfiehlt sich also, dass Sie, sofern Sie in Ihrer Klasse die deutschen Begriffe verwenden, diese im Vorfeld kurz einführen.

Tipp: Als Erinnerung können Sie auch ein Merk-Plakat mit der „Übersetzung" der deutschen in die lateinischen Begriffe in Ihr Klassenzimmer hängen.

Tipp: Die Kapitel sind durch Bilder gekennzeichnet, sodass die Schüler die zusammenhängenden Themen schnell am Bild erkennen können.

---

1 Vgl. Bönsch, M.: Nachhaltiges Lernen durch Üben und Wiederholen im Unterricht. München 2010.
2 Vgl. Meyer, Hilbert: Unterrichtsmethoden. Frankfurt am Main 1987.
3 Wir sprechen hier wegen der besseren Lesbarkeit von Schülern bzw. Lehrern in der verallgemeinerten Form. Selbstverständlich sind auch alle Schülerinnen und Lehrerinnen gemeint.

Richtig abschreiben

Lesen – Merken – Aufschreiben – Vergleichen

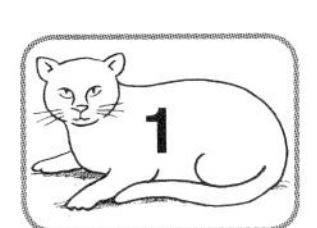

Lies die Wörter und schreibe sie fehlerfrei in dein Heft.
Decke das Wort beim Schreiben mit einem Blatt Papier ab.

Tiere

der Hund	der Wolf
das Pferd	die Maus
der Fisch	der Wurm
das Schaf	das Schwein
die Kuh	der Frosch

Erledigt am: ______________________

So hat's geklappt:  

Ziel: Einsilbige Wörter merken und auswendig aufschreiben

Richtig abschreiben

Lesen – Merken – Aufschreiben – Vergleichen

Lies die Wörter und schreibe sie fehlerfrei in dein Heft.
Decke das Wort beim Schreiben mit einem Blatt Papier ab.

Im Wald

der Baum	der Ast
das Blatt	der Busch
das Nest	das Gras
das Moos	der Zweig
das Reh	der Fuchs

Erledigt am: ______________________

So hat's geklappt:

Karin Hohmann: Täglich 5 Minuten Rechtschreib-Training
© Persen Verlag

Ziel: Einsilbige Wörter merken und auswendig aufschreiben

Richtig abschreiben

Lesen – Merken – Aufschreiben – Vergleichen

Lies die Wörter und schreibe sie fehlerfrei in dein Heft.
Decke das Wort beim Schreiben mit einem Blatt Papier ab.

Tiere

die Katze	der Löwe
der Vogel	die Eule
die Biene	die Ente
das Küken	die Ziege
die Fliege	der Kater

Erledigt am: ______________________ *So hat's geklappt:* ☺ 😐 ☹

Ziel: Zweisilbige Wörter merken und auswendig aufschreiben

Richtig abschreiben

Lesen – Merken – Aufschreiben – Vergleichen

Lies die Wörter und schreibe sie fehlerfrei in dein Heft.
Decke das Wort beim Schreiben mit einem Blatt Papier ab.

Kleidung

die Hose	die Jacke
die Mütze	der Mantel
der Pulli	die Bluse
die Weste	der Anzug
der Gürtel	die Schuhe

Erledigt am: ______________________ *So hat's geklappt:* ☺ 😐 ☹

Ziel: Zweisilbige Wörter merken und auswendig aufschreiben

Richtig abschreiben

Lesen – Merken – Aufschreiben – Vergleichen

5 Lies die Wörter und schreibe sie fehlerfrei in dein Heft.
Decke das Wort beim Schreiben mit einem Blatt Papier ab.

Wilde Tiere

das Krokodil	der Elefant
das Erdmännchen	das Känguru
der Papagei	der Pandabär
der Nasenbär	die Schildkröte
die Giraffe	die Würgeschlange

Erledigt am: ____________________

So hat's geklappt:  

Ziel: Mehrsilbige Wörter merken und auswendig aufschreiben

Richtig abschreiben

Lesen – Merken – Aufschreiben – Vergleichen

6 Lies die Wörter und schreibe sie fehlerfrei in dein Heft.
Decke das Wort beim Schreiben mit einem Blatt Papier ab.

Lebensmittel

die Gemüsesuppe	der Pfannkuchen
der Kartoffelbrei	das Schokobrötchen
der Butterkuchen	das Spiegelei
die Erdbeertorte	die Tomatensoße
das Fischstäbchen	die Frikadelle

Erledigt am: ____________________

So hat's geklappt: 

Ziel: Mehrsilbige Wörter merken und auswendig aufschreiben

Richtig abschreiben

Lesen – Merken – Aufschreiben – Vergleichen

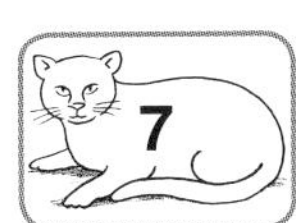

7

Lies die Sätze und merke dir kurze Stücke. Schreibe sie fehlerfrei in dein Heft. Benutze ein Blatt Papier zum Abdecken.

Tina mag Hunde

Tina ist sieben Jahre alt.

Sie hat einen kleinen Hund.

Der Hund heißt Otto.

Jeden Tag spielt Tina mit Otto im Garten.

Erledigt am: ______________________

So hat's geklappt:

Ziel: Kurze Sätze fehlerfrei abschreiben

Richtig abschreiben

Lesen – Merken – Aufschreiben – Vergleichen

8

Lies die Sätze und merke dir kurze Stücke. Schreibe sie fehlerfrei in dein Heft. Benutze ein Blatt Papier zum Abdecken.

Hannes lernt schwimmen

Hannes kann nicht schwimmen.

Er will schwimmen lernen.

Hannes belegt einen Schwimmkurs.

Bald kann Hannes schwimmen.

Erledigt am: ______________________

So hat's geklappt:

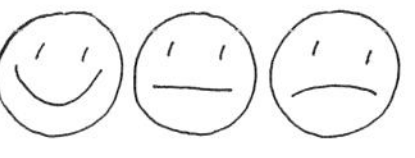

Ziel: Kurze Sätze fehlerfrei abschreiben

Karin Hohmann: Täglich 5 Minuten Rechtschreib-Training
© Persen Verlag

Richtig abschreiben

Lesen – Merken – Aufschreiben – Vergleichen

Lies die Sätze und merke dir kurze Stücke. Schreibe sie fehlerfrei in dein Heft. Benutze ein Blatt Papier zum Abdecken.

Geburtstag

Sarina freut sich schon.

In drei Tagen ist ihr Geburtstag.

Sie darf vier Kinder einladen.

Oma und Opa kommen auch.

Erledigt am: 

So hat's geklappt:  

Ziel: Kurze Sätze fehlerfrei abschreiben

Richtig abschreiben

Lesen – Merken – Aufschreiben – Vergleichen

Lies die Sätze und merke dir kurze Stücke. Schreibe sie fehlerfrei in dein Heft. Benutze ein Blatt Papier zum Abdecken.

Keine Lust

Leandro soll sein Zimmer aufräumen.

Sein Zimmer gefällt ihm, wie es ist.

Immer soll er aufräumen!

Dazu hat Leandro keine Lust.

Erledigt am: ____________________

So hat's geklappt: 

Ziel: Kurze Sätze fehlerfrei abschreiben

Richtig abschreiben

Lesen – Merken – Aufschreiben – Vergleichen

Lies die Sätze und merke dir kurze Stücke. Schreibe sie fehlerfrei in dein Heft. Benutze ein Blatt Papier zum Abdecken.

Hurra, gewonnen!

Florian hatte ein Fußballspiel.

Florian ist der Torwart.

Jette spielt auch in seiner Mannschaft.

Sie hat das Siegtor geschossen.

Erledigt am: ______________________ *So hat's geklappt:* 

Richtig abschreiben

Lesen – Merken – Aufschreiben – Vergleichen

Lies die Sätze und merke dir kurze Stücke. Schreibe sie fehlerfrei in dein Heft. Benutze ein Blatt Papier zum Abdecken.

Streng geheim

Esmanur legt den Finger auf den Mund.

Charlotte legt auch den Finger auf den Mund.

Was soll das bedeuten?

Die beiden Mädchen haben ein Geheimnis.

Erledigt am: ______________________ *So hat's geklappt:*

Richtig abschreiben

Lernkontrolle 1: Schleichdiktat (18 Wörter)

Lege die Aufgabe in einiger Entfernung vom Arbeitsplatz ab. Lies die Sätze und merke dir Satzteile. Schreibe sie dann auswendig auf.

Eiszeit

Die Sonne scheint am Himmel.

Es ist warm.

Die Kinder schwitzen.

Sie bitten Mama um ein Eis.

Erledigt am: ____________________

So hat's geklappt:

Ziel: Kurze Sätze fehlerfrei abschreiben

Richtig abschreiben

Lernkontrolle 2: Schleichdiktat (32 Wörter)

Lege die Aufgabe in einiger Entfernung vom Arbeitsplatz ab. Lies die Sätze und merke dir Satzteile. Schreibe sie dann auswendig auf.

Ein Fest in der Schule

Marion freut sich auf den Nachmittag.

Heute muss sie keine Hausaufgaben machen,

denn die Klasse 2a feiert ein Fest in der Schule.

Alle Eltern sind herzlich eingeladen.

Erledigt am: ____________________

So hat's geklappt: 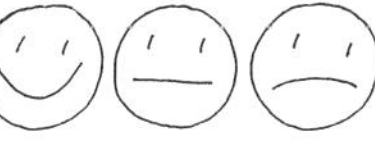

Ziel: Kurze Sätze fehlerfrei abschreiben

Nomen

15

Hier fehlt der große Anfangslaut. Setze ihn ein und schreibe alle Wörter fehlerfrei in dein Heft.

 der ____und

 die ____atze

 die ________necke

 der ____ase

 der ____iger

 die ____iene

 die ____uh

 das ____uhn

 der ____isch

 der ____sel

Erledigt am: ____________________

So hat's geklappt: 

Wortarten

Nomen

16

Hier fehlt der große Anfangslaut. Setze ihn ein und schreibe alle Wörter fehlerfrei in dein Heft.

 das ____aus

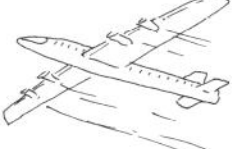 das ____lugzeug

 das ________to

 die ____onne

 der ____oller

 der ____egen

 der ____all

 das ________iff

 die ________aukel

 die ____uppe

Erledigt am: ____________________

So hat's geklappt: 

Wortarten

Nomen

17 Schreibe zu jedem Bild den bestimmten Artikel und das richtige Nomen.
Denke an den großen Anfangsbuchstaben.

H s o
e 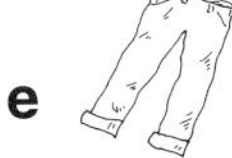 die ______________________

R s
o 
e ______________________

H s
a 
e ______________________

S h e r
c
e ______________________

B h c
u  das ______________________

N d l e
u ______________________

e i e
n 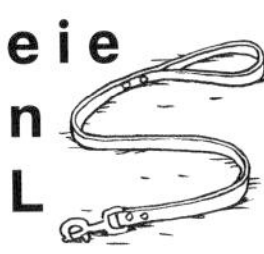
L ______________________

e i S
f
e ______________________

Erledigt am: ______________________ *So hat's geklappt:* 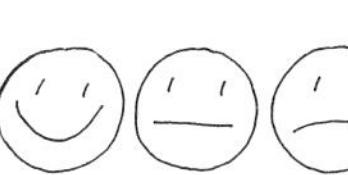

Ziel: Lautgetreue Nomen nach Bilddiktat schreiben

Wortarten

Nomen

18 Schreibe zu jedem Bild den bestimmten Artikel und das richtige Nomen.
Denke an den großen Anfangsbuchstaben.

K d r o l i
k
o  das ______________________

K s i
r h e 
c ______________________

S t a
a 
l ______________________

B n a
a
e n ______________________

P i l
z o 
e i die ______________________

E i s u
l g 
e k ______________________

G e l
b
a ______________________

L m e
p
a ______________________

Erledigt am: ______________________ *So hat's geklappt:*  

Ziel: Lautgetreue Nomen nach Bilddiktat schreiben

Wortarten

Nomen

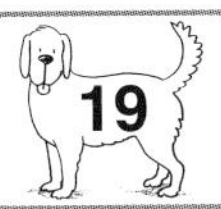

19 Schreibe zu jedem Bild den unbestimmten Artikel und das richtige Nomen. Denke an den großen Anfangsbuchstaben.

M z n e ü — eine ______

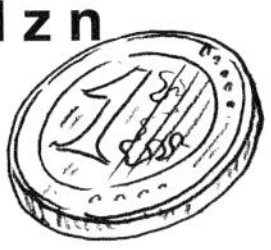

F r h d a a r — ein ______

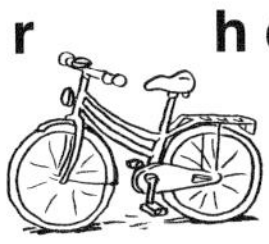

M s a u ______

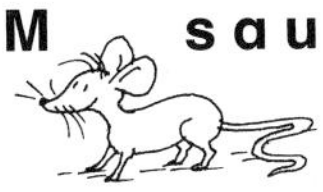

T f l e n e o ______

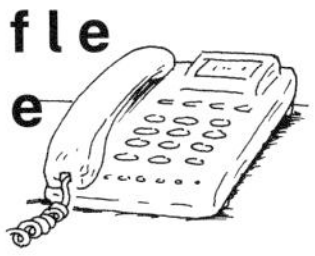

G k u r e ______

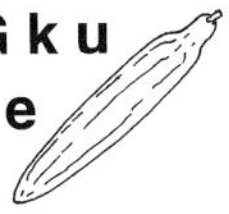

s c h a e T ______

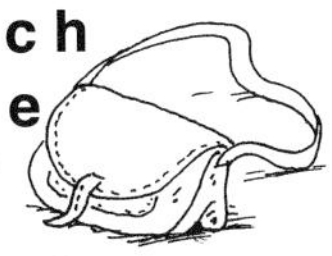

O a e r n g ______

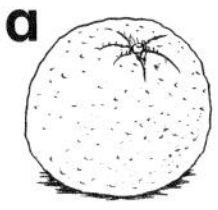

S c h g a e l n ______

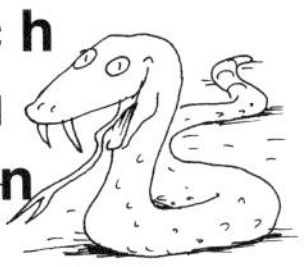

Erledigt am: ______ *So hat's geklappt:*

Ziel: Lautgetreue Nomen nach Bilddiktat schreiben

Wortarten

Verben

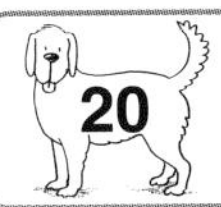

20 Verbinde, was zusammengehört. Schreibe die Wortgruppen in dein Heft.

fragen	ich schreibe	er fragt
suchen	ich frage	er sucht
schreiben	ich suche	er schreibt
malen	ich schlafe	er malt
schlafen	ich male	er schläft

Erledigt am: ______ *So hat's geklappt:*

Ziel: Verben in Grund- und Personalform zuordnen und fehlerfrei aufschreiben

Wortarten

Verben

Ergänze die fehlenden Verben in der ich- und er-Form. Schreibe die Wortgruppen in dein Heft.

holen	ich hole ______	er holt ______
kochen	ich ______	er ______
kaufen	ich ______	er ______
rufen	ich ______	er ______
bringen	ich ______	er ______
denken	ich ______	er ______

Erledigt am: ______ *So hat's geklappt:* 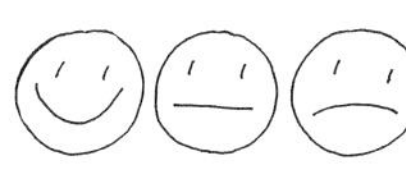

Ziel: Personalformen richtig bilden und fehlerfrei aufschreiben

Wortarten

Verben

Ergänze den fehlenden Wortstamm und schreibe alle Wörter in dein Heft.

Grundform: **frag**en	Grundform: **schreib**en
ich ______e	ich ______e
du ______st	du ______st
er/sie/es ______t	er/sie/es ______t
wir ______en	wir ______en
ihr ______t	ihr ______t
sie ______en	sie ______en

Erledigt am: ______ *So hat's geklappt:* 

Ziel: Wortstamm ergänzen und fehlerfrei aufschreiben

Wortarten

Verben

Ergänze die Sätze mit passenden Verben. Schreibe die vollständigen Sätze in dein Heft.

turnen | lesen | malen | schreiben | spielen

Die Kinder ____________________ in das Schreibheft.

Die Kinder ____________________ im Lesebuch

Die Kinder ____________________ in der Turnhalle.

Die Kinder ____________________ auf dem Pausenhof.

Die Kinder ____________________ ein Bild.

Erledigt am: ____________________

So hat's geklappt: 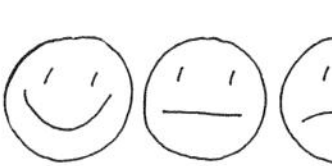

Ziel: Verben sinnvoll einsetzen und fehlerfrei aufschreiben

Wortarten

Verben

Ergänze den fehlenden Wortstamm und schreibe alle Wörter in dein Heft.

Grundform: **sag**en	Grundform: **mal**en
ich __________e	ich __________e
du __________st	du __________st
er/sie/es __________t	er/sie/es __________t
wir __________en	wir __________en
ihr __________t	ihr __________t
sie __________en	sie __________en

Erledigt am: ____________________

So hat's geklappt: 

Ziel: Wortstamm ergänzen und fehlerfrei aufschreiben

Wortarten

Verben

Ergänze die Sätze mit passenden Verben. Schreibe die vollständigen Sätze in dein Heft.

laufen | holen | fressen | schlafen | trinken

Die Hunde ______________ Hundefutter.

Die Hunde ______________ auf der Wiese

Die Hunde ______________ den Ball.

Die Hunde ______________ Wasser.

Die Hunde ______________ im Hundekorb.

Erledigt am: ______________

So hat's geklappt:  

Ziel: Verben sinnvoll einsetzen und fehlerfrei aufschreiben

Wortarten

Adjektive

Verbinde die Gegenteile. Schreibe dann die Wortpaare in dein Heft.

groß	gesund	kurz	nass
neu	klein	schön	lang
krank	alt	trocken	hässlich
hell	schnell	warm	dünn
langsam	dunkel	dick	kalt

Erledigt am: ______________

So hat's geklappt:  

Ziel: Gegenteil zuordnen und fehlerfrei aufschreiben

Wortarten

Adjektive

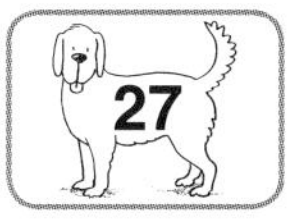

27 Verbinde, was zusammenpasst. Schreibe die Wortgruppen in dein Heft.

das Eis	dunkel	die Sonne	hart
die Nacht	kalt	der Regen	hell
der Riese	weich	die Maus	nass
die Federn	groß	der Stein	klein

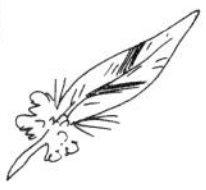

Erledigt am: ____________________ *So hat's geklappt:*

Ziel: Adjektive passend einsetzen und fehlerfrei aufschreiben

Wortarten

Adjektive

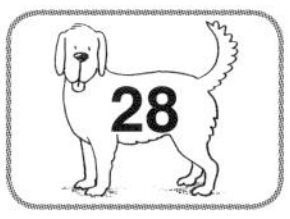

28 Verbinde, was zusammenpasst. Schreibe die Wortgruppen in dein Heft.

das Haus	klein	der Pulli	lang
das Kind	alt	der Hund	schnell
das Wasser	müde	das Auto	bissig
der Kater	kalt	die Leiter	weich

Erledigt am: ____________________ *So hat's geklappt:*

Ziel: Adjektive passend einsetzen und fehlerfrei aufschreiben

Wortarten

Adjektive

29 Verbinde, was zusammengehört. Schreibe die Wortgruppen in dein Heft.

klein	älter	am kleinsten
schnell	kleiner	am schnellsten
alt	schneller	am ältesten
schön	weiter	am schönsten
weit	schöner	am weitesten

Erledigt am: ____________________ *So hat's geklappt:*

Ziel: Zusammengehörende Formen verbinden und fehlerfrei aufschreiben

Wortarten

Adjektive

30 Hunde können verschieden sein. Setze die Adjektive ein. Schreibe die Wortgruppen in dein Heft.

klein alt bissig müde treu
krank wachsam groß

der ____________________ Hund der ____________________ Hund

der ____________________ Hund der ____________________ Hund

der ____________________ Hund der ____________________ Hund

der ____________________ Hund der ____________________ Hund

Erledigt am: ____________________ *So hat's geklappt:*

Ziel: Adjektive einsetzen und fehlerfrei aufschreiben

Wortarten

Adjektive

Kleidung kann verschieden sein. Setze die Adjektive ein. Schreibe die Wortgruppen in dein Heft.

klein groß lang kurz neu alt weit eng

die ______________ Hosen die ______________ Hosen

die ______________ Hosen die ______________ Hosen

die ______________ Hosen die ______________ Hosen

die ______________ Hosen die ______________ Hosen

Erledigt am: ______________ *So hat's geklappt:*

Ziel: Adjektive einsetzen und fehlerfrei aufschreiben

Wortarten

Lernkontrolle 1: Wörter ordnen

Ordne die Wörter richtig in die Tabelle ein und kontrolliere sie. Schreibe sie anschließend geordnet in dein Heft.

rund schlafen die Hand lang denken der Kopf

der Fuß greifen groß der Bauch dick rennen

Nomen	Verb	Adjektiv

Erledigt am: ______________ *So hat's geklappt:* 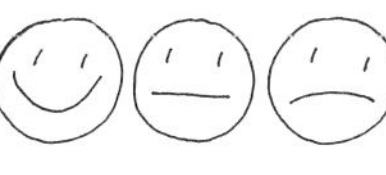

Ziel: Wortarten unterscheiden, richtig einordnen und fehlerfrei aufschreiben

Wortarten

Lernkontrolle 2: Wörter ordnen

33 Ordne die Wörter richtig in die Tabelle ein und kontrolliere sie. Schreibe sie anschließend geordnet in dein Heft.

arbeiten | alt | das Auto | schwer | fahren | schnell

der Trecker | tief | hupen | der Bagger | der Kran | heben

Nomen	Verb	Adjektiv

Erledigt am: ____________________ *So hat's geklappt:*  

Ziel: Wortarten unterscheiden, richtig einordnen und fehlerfrei aufschreiben

Vokale

a, e, i, o, u

34 Trage die fehlenden Vokale ein. Schreibe die Wörter mit den bestimmten Artikeln in dein Heft.

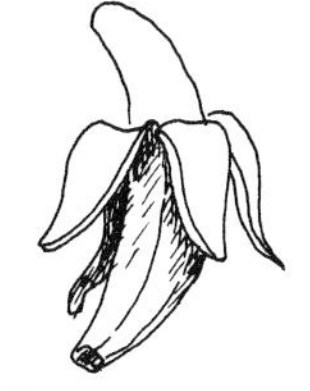

B__n__n__

M__l__n__

Z__tr__n__

K__w__

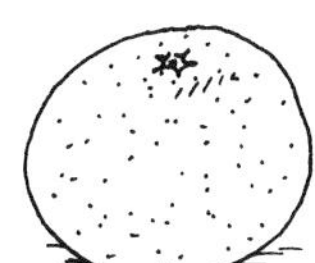

M__nd__r__n__

G__rk__

S__l__t

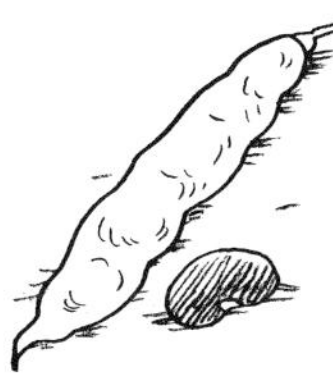

B__hn__

T__m__t__

Bl__m__nk__hl

Erledigt am: ____________________ *So hat's geklappt:* 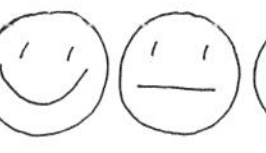

Ziel: Vokale passend einsetzen und Wörter mit Artikel schreiben

Vokale

a, e, i, o, u

Trage die fehlenden Vokale ein. Schreibe die Wörter mit den bestimmten Artikeln in dein Heft.

K__tz__ H__nd Kr__k__d__l __l__f__nt H__s__

Sch__f R__g__nw__rm P__ng__ __n G__r__ff__ __ff__

Erledigt am: ______________________ *So hat's geklappt:*

Karin Hohmann: Täglich 5 Minuten Rechtschreib-Training

Ziel: Vokale passend einsetzen und Wörter mit Artikel schreiben

Vokale

a, e, i, <u>o</u>, u

Tausche den gekennzeichneten Vokal aus und notiere das neue Wort. Schreibe dann alle Wörter in dein Heft.

o → a	H<u>o</u>se → ______________	a → o	R<u>a</u>sen → ______________
a → u	H<u>a</u>nd → ______________	i → a	W<u>i</u>nd → ______________
u → a	Sch<u>u</u>le → ______________	e → o	G<u>e</u>ld → ______________
a → u	B<u>a</u>ch → ______________	i → a	H<u>i</u>mmel → ______________

Erledigt am: ______________________ *So hat's geklappt:*

 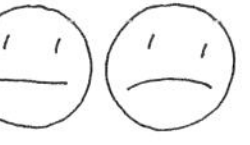

Karin Hohmann: Täglich 5 Minuten Rechtschreib-Training

Ziel: Vokale nach Vorgabe austauschen, neue Wörter notieren und fehlerfrei aufschreiben

a, e, i, o, u

37 Tausche den gekennzeichneten Vokal aus und notiere das neue Wort. Schreibe dann alle Wörter in dein Heft.

o → a	T**o**nne → ______	a → o	W**a**che → ______
i → o	S**i**nne → ______	e → i	W**e**lle → ______
a → i	T**a**sche → ______	u → a	L**u**ken → ______
e → o	H**e**rde → ______	i → u	H**i**mmel → ______

Erledigt am: ______ *So hat's geklappt:* 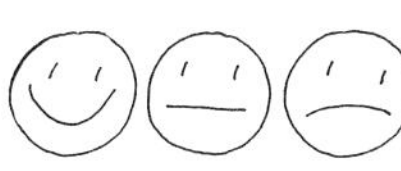

Ziel: Vokale nach Vorgabe austauschen, neue Wörter notieren und fehlerfrei aufschreiben

Vokale

a, e, i, o, u

38 Obst und Gemüse – doch die Vokale fehlen. Verbinde Wort und Bild. Notiere anschließend die Wörter und schreibe sie fehlerfrei in dein Heft.

 die B__n__n__ ______

 die G__rk__ ______

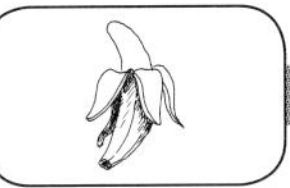 die K__rsch__ ______

 der __pf__l ______

 die B__rn__ ______

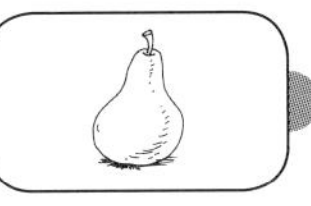 der S__l__t ______

Erledigt am: ______ *So hat's geklappt:* 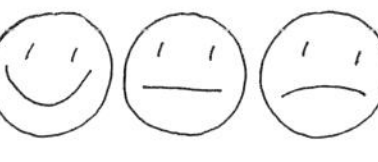

Ziel: Fehlende Vokale erkennen, Wörter richtig bilden und fehlerfrei aufschreiben

Vokale

a, e, i o, u

39 Tiere – doch die Vokale fehlen. Verbinde Wort und Bild. Notiere anschließend die Wörter und schreibe sie fehlerfrei in dein Heft.

 der H__nd ____________________

 das Pf__rd ____________________

 die K__tz__ ____________________

 der Fr__sch ____________________

 die Schl__ng__ ____________________

 die __nt__ ____________________

Erledigt am: ____________________ *So hat's geklappt:* 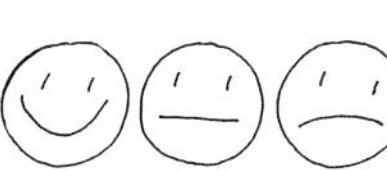

Ziel: Fehlende Vokale erkennen, Wörter richtig bilden und fehlerfrei aufschreiben

---

Vokale

Lernkontrolle 1: Vokale einsetzen

40 Verbinde Wort und Bild. Setze die fehlenden Vokale ein und schreibe die Wörter in dein Heft.

der T_sch | der Schr__nk | das F__nst__r |  die L__mp__

das R__di__ | der St__hl | der T__pp_ch |  das B__tt

   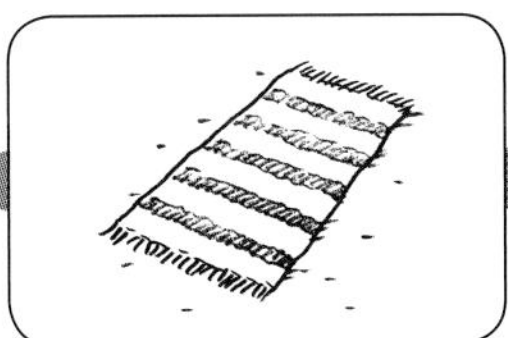

Erledigt am: ____________________ *So hat's geklappt:* 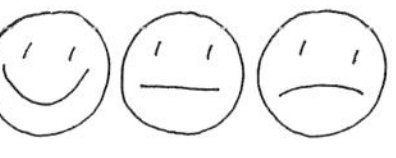

Ziel: Wörter erkennen, Vokale einsetzen und fehlerfrei aufschreiben

Vokale

Lernkontrolle 2: Vokale erkennen

41 Spielsachen – doch die Vokale fehlen. Verbinde Wort und Bild. Notiere anschließend die Wörter und schreibe sie fehlerfrei in dein Heft

der L__stw__g__n ______________________

die P__pp___ ______________________

der B__ll ______________________

die L__k__m__t_v___ ______________________

das Sch_ff ______________________

das M__lb__ch ______________________

Erledigt am: ____________________ *So hat's geklappt:*

Karin Hohmann: Täglich 5 Minuten Rechtschreib-Training

Ziel: Fehlende Vokale erkennen, Wörter richtig bilden und fehlerfrei aufschreiben

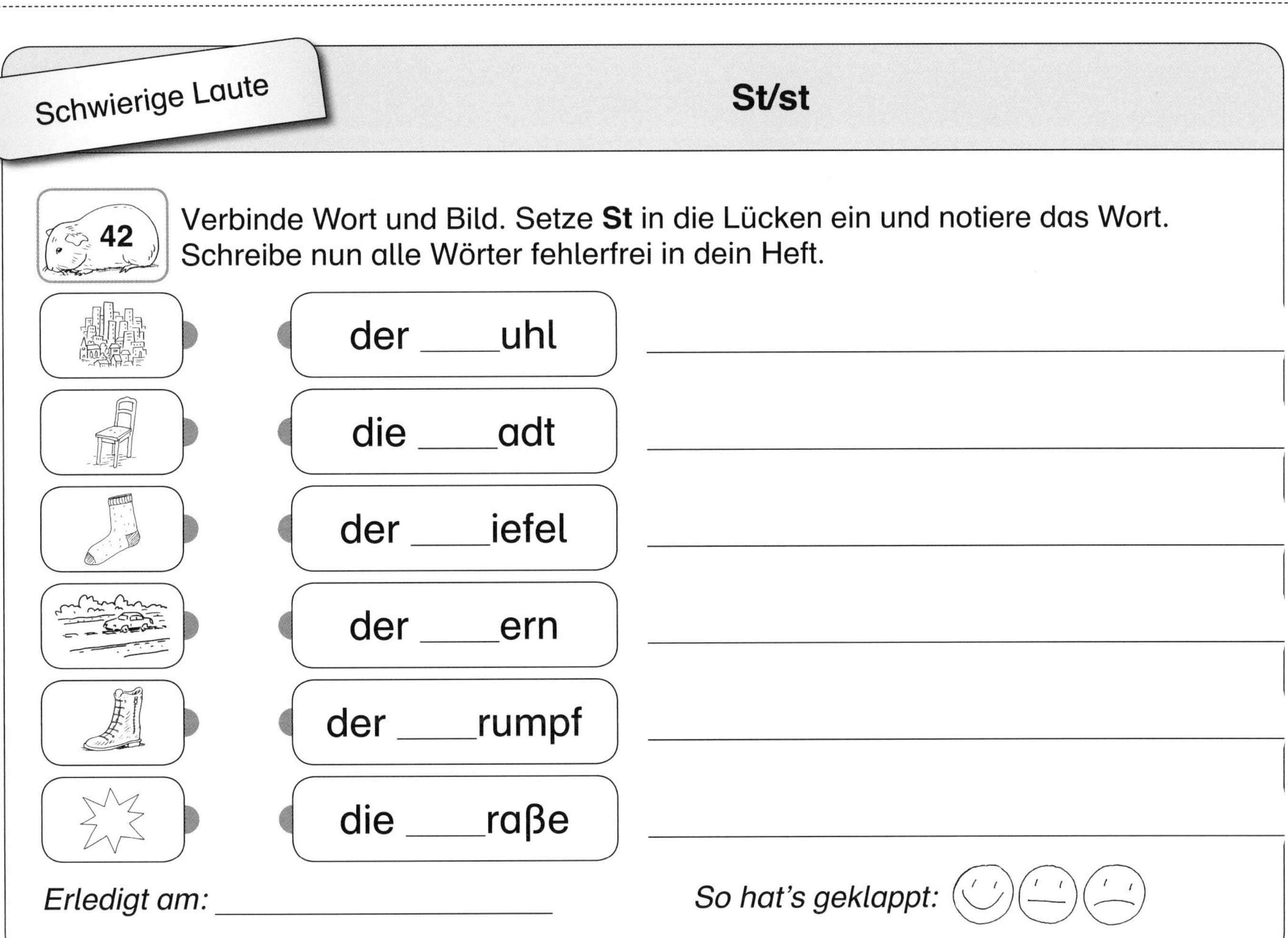

Karin Hohmann: Täglich 5 Minuten Rechtschreib-Training

Ziel: St/st einsetzen, Wörter lesen und fehlerfrei aufschreiben

St/st

43 Setze **st** in die Lücken ein. Lies die Wörter und schreibe sie fehlerfrei in dein Heft.

____ehen	____ellen	____echen
____olpern	____oßen	____immen
____eigern	____reicheln	____reiten

Erledigt am: ____________________ *So hat's geklappt:* 

Schwierige Laute

St/st

44 Setze **st** in die Lücken ein. Lies die Wörter und schreibe sie fehlerfrei in dein Heft.

____eil	____eif	____ill
____umm	____ark	____reng
____ur	____einig	____umpf

Erledigt am: ____________________ *So hat's geklappt:* 

Ziel: St/st einsetzen, Wörter lesen und fehlerfrei aufschreiben

Schwierige Laute

St/st

45 Setze **St/st** ein und lies die Wörter. Verbinde, was zusammengehört. Schreibe dann die Wortpaare in dein Heft.

St	st
der ____ein	____reiten
der ____reit	____einig
der ____oß	____ärken
der ____art	____oßen
die ____ärke	____arten

Erledigt am: ______________________ *So hat's geklappt:*  

Karin Hohmann: Täglich 5 Minuten Rechtschreib-Training

Ziel: St/st einsetzen, verwandte Formen erkennen und fehlerfrei aufschreiben

Schwierige Laute

St/st

46 Bilde Wörter mit **St**. Lies sie und schreibe sie mit den bestimmten Artikeln in dein Heft.

St: ...and, ...rahl, ...ift, ...ein, ...iel, ...ärke

St: ...roh, ...eg, ...aub, ...all, ...au, ...ier

Erledigt am: ______________________ *So hat's geklappt:* 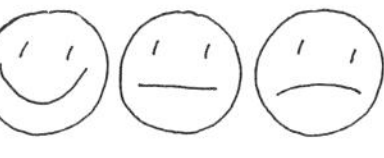

Karin Hohmann: Täglich 5 Minuten Rechtschreib-Training

Ziel: Wörter mit St/st erlesen und fehlerfrei mit Artikel schreiben

Schwierige Laute

St/st

47 Bilde Wörter mit **st**. Lies sie und schreibe sie in dein Heft.

...ehlen ...ellen ...auben **st** ...aunen ...ürzen ...reuen

...olz ...eif ...reng **st** ...eil ...ur ...ark

Erledigt am: ______________________ *So hat's geklappt:*

Ziel: : Wörter mit St/st erlesen und fehlerfrei schreiben

Schwierige Laute

Sp/sp

48 Verbinde Wort und Bild. Setze **Sp** in die Lücken ein und notiere das Wort. Schreibe alle Wörter fehlerfrei in dein Heft.

der _____iegel ______________________

das _____iel ______________________

die _____ur ______________________

der _____inat ______________________

die _____ange ______________________

der _____atz ______________________

Erledigt am: ______________________ *So hat's geklappt:*

Ziel: Sp/sp einsetzen, Wörter lesen, Wort/Bild verbinden und fehlerfrei aufschreiben

Schwierige Laute

Sp/sp

49 Setze **sp** in die Lücken ein. Lies die Wörter und schreibe sie fehlerfrei in dein Heft.

____ielen	____ringen	____aren
____rechen	____ucken	____ritzen
____üren	____ionieren	____aßen

Erledigt am: ____________________ *So hat's geklappt:* 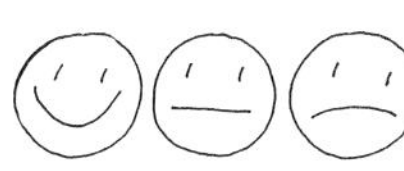

Ziel: Sp/sp einsetzen, Wörter lesen und fehlerfrei aufschreiben

---

Schwierige Laute

Sp/sp

50 Setze **sp** in die Lücken ein. Lies die Wörter und schreibe sie fehlerfrei in dein Heft.

____ortlich	____errig	____aßig
____annend	____ät	____itz
____arsam	____ontan	____urlos

Erledigt am: ____________________ *So hat's geklappt:* 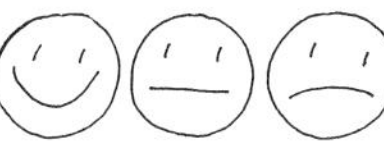

Karin Hohmann: Täglich 5 Minuten Rechtschreib-Training
© Persen Verlag

Ziel: Sp/sp einsetzen, Wörter lesen und fehlerfrei aufschreiben

Schwierige Laute

Sp/sp

51 Setze **Sp/sp** ein und lies die Wörter. Verbinde nun, was zusammengehört. Schreibe dann die Wortpaare in dein Heft.

Sp	**sp**
der _____aß	_____ortlich
der _____ort	_____aßen
die _____ucke	_____ielen
das _____iel	_____ringen
der _____rung	_____ucken

Erledigt am: ____________________ *So hat's geklappt:* 

Ziel: Sp/sp einsetzen, verwandte Formen erkennen und fehlerfrei aufschreiben

Schwierige Laute

Sp/sp

52 Welche Wörter mit **Sp** sind in der Endlos-Wörterschlange versteckt? Kreise sie ein und schreibe alle Wörter fehlerfrei in dein Heft.

gSpielerTSpatenHSperreZSpardoseM

sFbSpazierganghEScSportlerLSplitterqis

oSpritzerWgOSpruchGSpiegelezifSpaßg

Erledigt am: ____________________ *So hat's geklappt:* 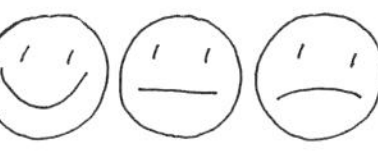

Ziel: Wörter kennzeichnen, Wörter lesen und fehlerfrei aufschreiben

Schwierige Laute

Sp/sp

53 Welche Wörter mit **sp** sind in der Endlos-Wörterschlange versteckt? Kreise sie ein und schreibe alle Wörter fehlerfrei in dein Heft.

hsparsamlgtspürenzsdrsprühenksperrenlj

taufgespießtdtmangespitztbeqeingesperrtj

sbabkspritzenkanspuckenhbesprechensz

Erledigt am: ____________________ *So hat's geklappt:* 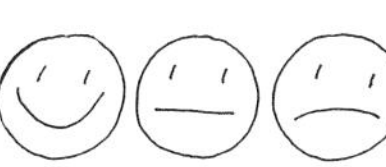

Karin Hohmann: Täglich 5 Minuten Rechtschreib-Training

Ziel: Wörter kennzeichnen, Wörter lesen und fehlerfrei aufschreiben

Schwierige Laute

Qu/qu

54 Setze **Qu** in die Lücken ein. Lies die Wörter und schreibe sie in dein Heft.

der _____ark der _____atsch

die _____elle der _____alm das _____adrat

das _____iz die _____alle

Erledigt am: ____________________ *So hat's geklappt:* 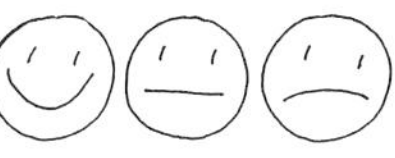

Karin Hohmann: Täglich 5 Minuten Rechtschreib-Training

Ziel: Qu-/qu-Wörter bilden, erlesen und fehlerfrei aufschreiben

Schwierige Laute

Qu/qu

55 Setze **qu** in die Lücken ein. Lies die Wörter und schreibe sie in dein Heft.

_____älen _____atschen

_____er _____almen _____adratisch

_____etschen _____aken

Erledigt am: ____________________ *So hat's geklappt:*

Ziel: Qu-/qu-Wörter bilden, erlesen und fehlerfrei aufschreiben

Schwierige Laute

Qu/qu

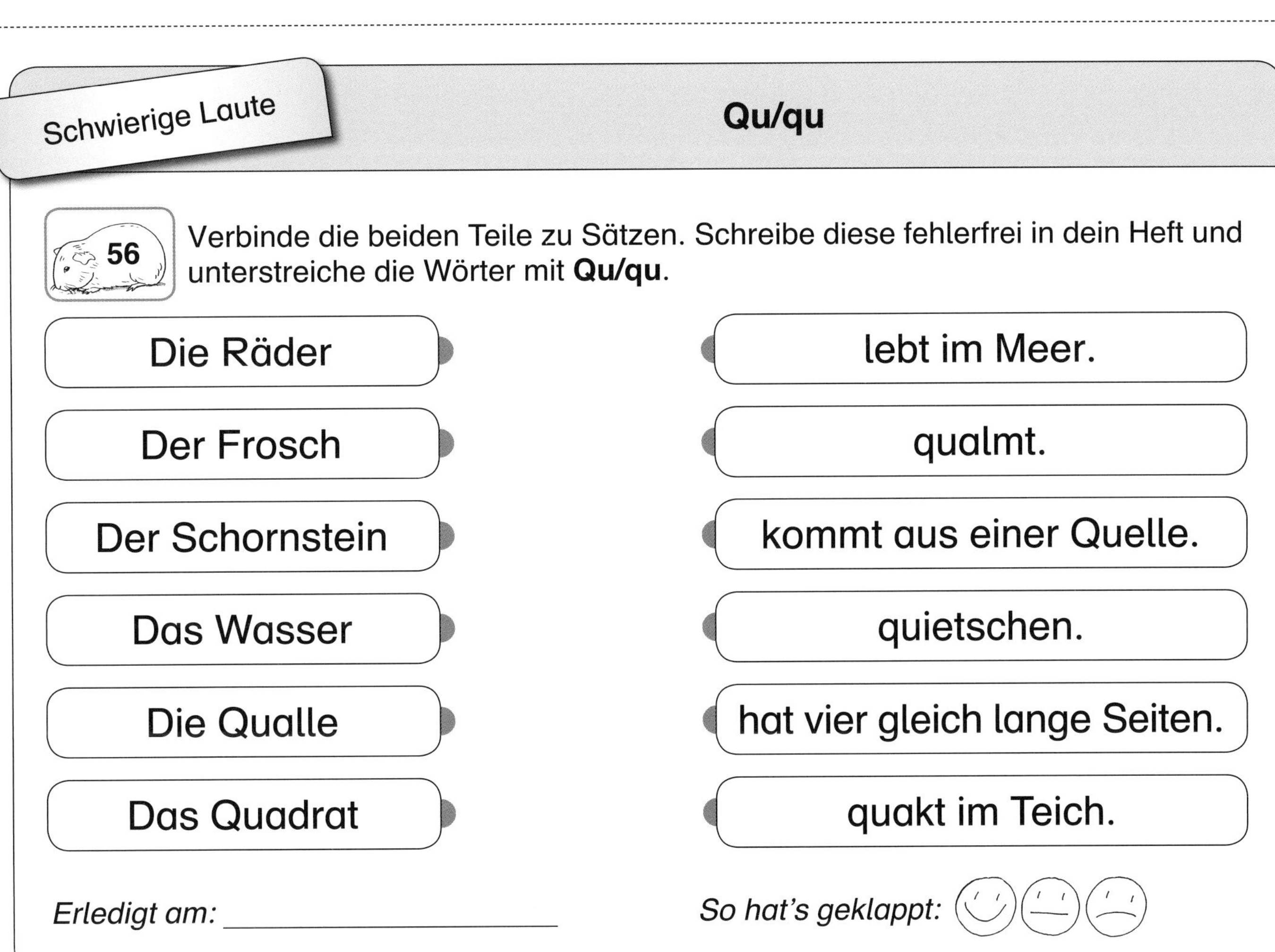

56 Verbinde die beiden Teile zu Sätzen. Schreibe diese fehlerfrei in dein Heft und unterstreiche die Wörter mit **Qu/qu**.

Die Räder	lebt im Meer.
Der Frosch	qualmt.
Der Schornstein	kommt aus einer Quelle.
Das Wasser	quietschen.
Die Qualle	hat vier gleich lange Seiten.
Das Quadrat	quakt im Teich.

Erledigt am: ____________________ *So hat's geklappt:*

Karin Hohmann: Täglich 5 Minuten Rechtschreib-Training
© Persen Verlag

Ziel: Sätze bilden, Wörter mit Qu/qu üben und fehlerfrei aufschreiben

Schwierige Laute

Lernkontrolle 1: St oder Sp

57 Verbinde Wort und Bild. Setze **St** oder **Sp** ein und notiere das Wort. Schreibe es anschließend noch einmal fehlerfrei in dein Heft.

die ____ur ____________

die ____adt ____________

das ____iel ____________

der ____iegel ____________

die ____raße ____________

der ____rumpf ____________

Erledigt am: ____________ *So hat's geklappt:*

Schwierige Laute

Lernkontrolle 2: st oder sp

58 Setze **st** oder **sp** ein und lies die Sätze. Schreibe Sie anschließend fehlerfrei in dein Heft.

Der Weg ist ____einig. Das Kind ist ____ortlich.

Die Schere ist ____itz. Mama ist ____arsam.

Der Mann ist ____ark. Der Weg ist ____eil.

Erledigt am: ____________ *So hat's geklappt:*

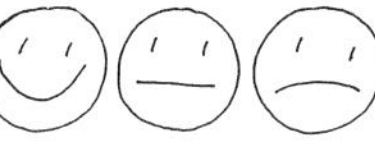

Schwierige Laute

Lernkontrolle 3: Schleichdiktat Qu oder qu

Setze **Qu/qu** in die Lücken ein. Lege dann die Aufgabe in einiger Entfernung ab. Lies ein Wort und gehe an deinen Arbeitsplatz. Schreibe nun jedes Wort auswendig fehlerfrei auf.

Wörter mit Qu	**Wörter mit qu**
der _____ark	_____atschen
der _____alm	_____ieken
das _____adrat	über_____eren
die _____izfrage	_____ietschen

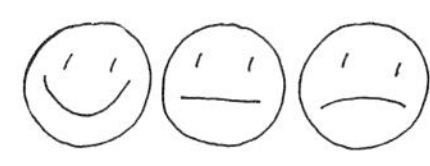

Erledigt am: ____________________ *So hat's geklappt:*

Ableiten

ä → a

Setze **ä** ein und finde das Ableitungswort. Schreibe die Wortpaare fehlerfrei in dein Heft.

die H_____nde	die ____________________
die W_____nde	die ____________________
die L_____nder	das ____________________
die R_____der	das ____________________
die B_____nder	das ____________________
die B_____lle	der ____________________

Erledigt am: ____________________ *So hat's geklappt:*  

Ableiten

ä → a

61 Setze **ä** ein und finde das Ableitungswort. Schreibe die Wortpaare fehlerfrei in dein Heft.

die G_____rten der __________

die M_____nner der __________

die K_____sten der __________

die Str_____nde der __________

die N_____gel der __________

die T_____ler das __________

Erledigt am: __________ *So hat's geklappt:*

Ziel: Wörter bilden, Ableitungen finden und fehlerfrei aufschreiben

Ableiten

ä → a

62 Setze **ä** ein. Finde die Grundform und schreibe die Wortpaare fehlerfrei in dein Heft.

sie schl_____ft __________

er f_____llt __________

sie h_____lt __________

er tr_____gt __________

sie schl_____gt __________

er w_____scht __________

Erledigt am: __________ *So hat's geklappt:*

Ziel: Wörter bilden, Grundform als Ableitungswort finden und fehlerfrei aufschreiben

Ableiten — ä → a

63 Die Grundform ist vorgegeben. Bilde nun die Personalform und schreibe die Wortpaare fehlerfrei in dein Heft.

f**a**llen	er ____________________
tr**a**gen	sie ____________________
schl**a**gen	er ____________________
w**a**schen	sie ____________________
h**a**lten	er ____________________
schl**a**fen	sie ____________________

Erledigt am: ____________________ *So hat's geklappt:*

Ziel: Personalform bilden und fehlerfrei aufschreiben

Ableiten — äu → au

64 Setze **äu** ein und finde das Ableitungswort. Schreibe die Wortpaare fehlerfrei in dein Heft.

die H_______ser	das ____________________
die M_______se	die ____________________
die B_______me	der ____________________
die L_______se	die ____________________
die R_______me	der ____________________
die B_______che	der ____________________

Erledigt am: ____________________ *So hat's geklappt:*

Ziel: Wörter bilden, Ableitungen finden und fehlerfrei aufschreiben

Ableiten

äu → au

65 Setze **äu** ein und finde das Ableitungswort. Schreibe die Wortpaare fehlerfrei in dein Heft.

die Tr________me	der ________________
die Str________cher	der ________________
die L________fer	der ________________
die Eink________fe	der ________________
das H________fchen	der ________________
die Schl________che	der ________________

Erledigt am: ________________ *So hat's geklappt:* 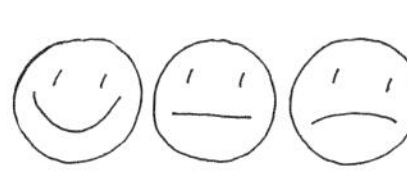

Ziel: Wörter bilden, Ableitungen finden und fehlerfrei aufschreiben

Ableiten

äu → au

66 Setze **äu** in die Lücken ein und lies die Wörter. Verbinde die verwandten Wörter und schreibe die Wortpaare fehlerfrei in dein Heft.

ich tr________me	der Schaum 
es sch________mt	der Lauf
er r________mt auf	der Traum
sie l________ft	der Rauch
es r________chert	der Zaun
einz________nen	der Raum

Erledigt am: ________________ *So hat's geklappt:*  

Ziel: Wörter bilden, Ableitungen finden und fehlerfrei aufschreiben

Ableiten

äu → au

67 Bilde den Plural. Schreibe die Wortpaare fehlerfrei in dein Heft.

der Z**au**n viele ______________________

der B**au**m viele ______________________

der R**au**m viele ______________________

der Schl**au**ch viele ______________________

das H**au**s viele ______________________

der Tr**au**m viele ______________________

Erledigt am: ______________ *So hat's geklappt:*

Ziel: Wärter mit äu richtig bilden und fehlerfrei schreiben

Ableiten

Lernkontrolle 1: äu → au

68 Die Grundform ist vorgegeben. Bilde nun die Personalform und schreibe die Wortpaare fehlerfrei in dein Heft.

der M**a**nn viele ______________________

der B**a**ll viele ______________________

der N**a**gel viele ______________________

das R**a**d viele ______________________

die H**a**nd viele ______________________

die W**a**nd viele ______________________

der R**a**nd viele ______________________

Erledigt am: ______________ *So hat's geklappt:*

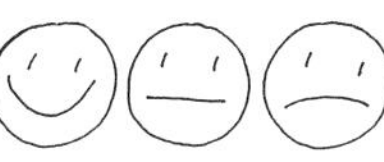

Ziel: Pluralbildung mit ä richtig notieren und fehlerfrei aufschreiben

Ableiten

Lernkontrolle 2: äu → au

Schreibe zu jedem Wort den Plural. Notiere die Wortpaare fehlerfrei in deinem Heft.

die M**au**s viele ______

das H**au**s viele ______

der R**au**m viele ______

der Tr**au**m viele ______

der Str**au**ch viele ______

der Z**au**n viele ______

der B**au**ch viele ______

Erledigt am: ______ *So hat's geklappt:* 

Ziel: Pluralbildung mit äu richtig notieren und fehlerfrei aufschreiben

Auslautverhärtung

d oder t

Bilde zuerst den Plural, damit du hörst, ob **d** oder **t** am Ende stehen. Notiere Singular und Plural. Schreibe nun die Wortpaare in dein Heft.

 der Hun____ viele ______

 das Ra____ viele ______

 das Rin____ viele ______

 das Kin____ viele ______

 der Win____ viele ______

Erledigt am: ______ *So hat's geklappt:* 

Ziel: Endlaut durch Pluralbildung bestimmen und fehlerfrei schreiben

Auslautverhärtung

d oder t

Bilde zuerst den Plural, damit du hörst, ob **d** oder **t** am Ende stehen. Notiere Singular und Plural. Schreibe nun die Wortpaare in dein Heft.

 die Wel____ viele ____________________

 der Hu____ viele ____________________

 das Hef____ viele ____________________

 das Bro____ viele ____________________

 der Elefan____ viele ____________________

Erledigt am: ____________________ *So hat's geklappt:* 

Karin Hohmann: Täglich 5 Minuten Rechtschreib-Training

Ziel: Endlaut durch Pluralbildung bestimmen und fehlerfrei schreiben

---

Auslautverhärtung

d oder t

Bilde zuerst den Plural, damit du hörst, ob **d** oder **t** am Ende stehen. Notiere Singular und Plural. Schreibe nun die Wortpaare in dein Heft.

 das Schil____ viele ____________________

 der Punk____ viele ____________________

 das Fahrra____ viele ____________________

 das Bil____ viele ____________________

 der Stif____ viele ____________________

Erledigt am: ____________________ *So hat's geklappt:* 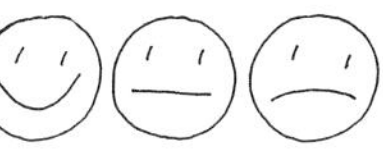

Karin Hohmann: Täglich 5 Minuten Rechtschreib-Training

Ziel: Endlaut durch Pluralbildung bestimmen und fehlerfrei schreiben

Auslautverhärtung

d oder t

73 Verbinde, was zusammengehört. Schreibe die Wortgruppen dann fehlerfrei in dein Heft.

der Wald	randlos	der Mut	weit
der Wind	binden	die Zeit	mutig
der Rand	windig	die Weite	zeitig
das Land	waldig	die Kälte	wütend
das Band	ländlich	die Wut	kalt

Erledigt am: ______________________ *So hat's geklappt:*

Ziel: Verwandte Wörter zuordnen und fehlerfrei aufschreiben

Auslautverhärtung

g oder k

Bilde zuerst den Plural, damit du hörst, ob **g** oder **k** am Ende stehen. Notiere Singular und Plural. Schreibe die Wortpaare ins Heft.

 der Zwer_____ viele ______________________

 der Zwei_____ viele ______________________

 der Zu_____ viele ______________________

 der Schran_____ viele ______________________

 die Ban_____ viele ______________________

 die Fabri_____ viele ______________________

Erledigt am: ______________________ *So hat's geklappt:* 

Ziel: Endlaut durch Pluralbildung bestimmen und fehlerfrei schreiben

Auslautverhärtung

g oder k

Verbinde die verwandten Wörter und setze **g** oder **k** in die Lücken ein.
Schreibe die Wortpaare fehlerfrei in dein Heft.

tanken	er dan___t	zeigen	sie hän___t
danken	er win___t	fragen	er zei___t
winken	er blin___t	tragen	er fra___t
blinken	er tan___t	hängen	sie trä___t

Erledigt am: ____________________ *So hat's geklappt:* 

Ziel: Verwandte Form zuordnen, g oder k richtig einsetzen und fehlerfrei aufschreiben

Auslautverhärtung

g oder k

Verbinde, was zusammengehört und schreibe die Wortgruppen fehlerfrei in dein Heft.

der Berg	täglich	der Dank	schenken
der Tag	bergig	das Geschenk	tanken
der Klang	schlagen	das Gelenk	danken
der Betrug	betrügen	der Tank	stinken
der Schlag	klingen	der Gestank	lenken

Erledigt am: ____________________ *So hat's geklappt:* 

Ziel: Verwandte Wörter zuordnen und fehlerfrei aufschreiben

Auslautverhärtung

Lernkontrolle 1: Bilddiktat – d oder t

77 Notiere zu jedem Bild das passende Wort mit dem bestimmten Artikel. Kontrolliere und schreibe dann alle Wörter fehlerfrei in dein Heft.

____

____

____

____

____

____

Erledigt am: ____________________ *So hat's geklappt:*

Ziel: Endlaute beachten und nach Bilddiktat fehlerfrei schreiben

Auslautverhärtung

Lernkontrolle 2: Bilddiktat – g oder k

78 Notiere zu jedem Bild das passende Wort mit dem unbestimmten Artikel. Kontrolliere und schreibe dann alle Wörter fehlerfrei in dein Heft.

____

____

____

____

____

____

Erledigt am: ____________________ *So hat's geklappt:*   

Ziel: Endlaute beachten und nach Bilddiktat fehlerfrei schreiben

Doppelte Konsonanten

mm

79 Kennzeichne im Kastenrätsel 10 Nomen mit **mm**. Schreibe sie mit den unbestimmten Artikeln fehlerfrei in dein Heft.

b	S	o	m	m	e	r	z	t	p
i	m	a	t	Z	i	m	m	e	r
H	i	m	m	e	l	ö	ö	f	p
a	g	H	a	m	m	e	r	s	s
S	t	i	m	m	e	ö	f	y	a
d	B	r	u	m	m	e	r	k	r
l	k	S	c	h	r	a	m	m	e
F	l	a	m	m	e	q	t	t	l
l	m	v	x	G	u	m	m	i	u
y	K	l	a	m	m	e	r	w	a

Erledigt am: ____________________ *So hat's geklappt:* 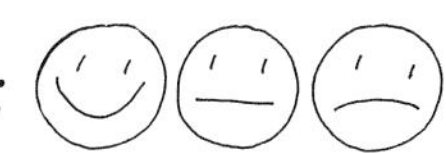

Ziel: Wörter mit mm kennzeichnen und fehlerfrei schreiben

Doppelte Konsonanten

pp

80 Trage **pp** in die Lücken ein und verbinde, was zusammengehört. Schreibe die Wortpaare fehlerfrei in dein Heft.

die Pa____e	die Pu____en
die Su____e	die Gru____en
die Pu____e	die Su____en
die Li____e	die Pa____en
die Tre____e	die Li____en
die Gru____e	die Tre____en

Erledigt am: ____________________ *So hat's geklappt:* 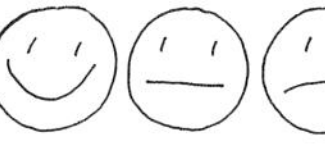

Ziel: Wörter mit pp bilden und Singular und Plural verbinden

ff

81 Kennzeichne im Kastenrätsel 4 Verben und 6 Nomen mit **ff**. Schreibe sie fehlerfrei in dein Heft.

r	h	h	ö	w	g	j	Q	e	J
w	o	f	f	S	f	k	A	w	J
s	f	S	f	t	y	s	f	L	t
K	f	c	n	o	a	c	f	ö	r
o	e	h	e	f	Z	h	e	f	e
f	n	i	n	f	i	a	H	f	f
f	A	f	C	K	f	f	L	e	f
e	Z	f	G	Ä	f	f	I	l	e
r	Z	B	V	Q	e	e	M	X	n
T	L	D	B	T	r	n	B	Y	P

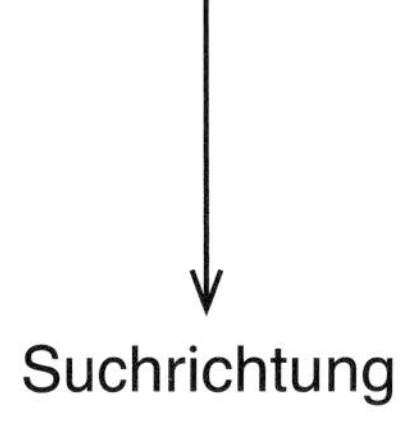

Erledigt am: ______________________ *So hat's geklappt:*

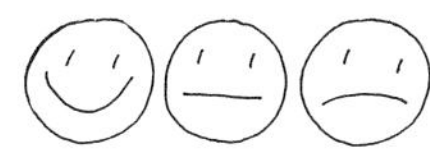

Ziel: Wörter mit ff kennzeichnen und fehlerfrei schreiben

tt

82 Schreibe die Wörter mit **tt** passend zum Bild auf die Linien. Schreibe alle Wörter fehlerfrei in dein Heft.

Schlitten Schatten Futter Mutter Kette Ritter Ratte Otter

___ ___ ___ ___ ___

___ ___ ___ ___ ___ ___

___ ___ ___ ___ ___ ___

___ ___ ___ ___ ___ ___ ___ ___ ___

___ ___ ___ ___ ___ ___ ___ ___

___ ___ ___ ___ ___ ___

___ ___ ___ ___ ___

___ ___ ___ ___ ___

Erledigt am: ______________________ *So hat's geklappt:*

Ziel: Wörter mit tt richtig zuordnen und fehlerfrei schreiben

ll

83 Kennzeichne im Kastenrätsel 10 Nomen mit **ll**. Schreibe sie mit den bestimmten Artikeln fehlerfrei in dein Heft.

g	R	o	l	l	e	r	d	f	j
B	a	l	l	j	h	M	ü	l	l
k	l	F	ü	l	l	e	r	u	k
K	e	l	l	e	r	f	j	z	k
k	S	c	h	n	u	l	l	e	r
T	e	l	l	e	r	e	d	s	a
h	g	g	w	W	o	l	l	e	u
G	r	i	l	l	q	r	t	n	z
c	h	e	q	r	L	o	l	l	i

Erledigt am: ______________________ *So hat's geklappt:* 

Ziel: Wörter mit ll kennzeichnen und fehlerfrei schreiben

Doppelte Konsonanten

ss

84 Notiere zu jedem Wort ein Reimwort mit **ss**. Schreibe die Wortpaare fehlerfrei in dein Heft.

das Kissen – das W____________________

der Kessel – der S ____________________

die Tasse – die Kl____________________

das Messer – b____________________

die Kasse – die M____________________

das Fass – der P____________________

der Rüssel – die Sch____________________

der Riss – der B____________________

Erledigt am: ______________________ *So hat's geklappt:* 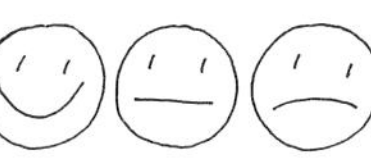

Ziel: Reimwörter finden und Wortpaare fehlerfrei schreiben

nn

Kennzeichne im Kastenrätsel 5 Verben und 5 Nomen mit **nn**. Schreibe sie fehlerfrei in dein Heft.

S	R	o	k	B	s	r	t	K	g
o	r	l	ö	r	D	g	r	b	e
n	e	t	n	u	o	P	e	k	w
n	n	S	n	n	n	a	n	e	i
e	n	i	e	n	n	n	n	n	n
A	e	n	n	e	e	n	e	n	n
g	n	n	R	n	r	e	n	e	e
v	F	e	v	y	G	Z	U	n	n

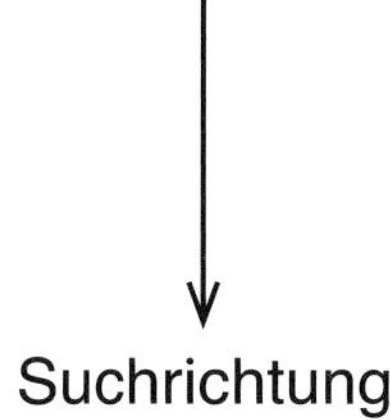

Suchrichtung

Erledigt am: ______________________ *So hat's geklappt:*

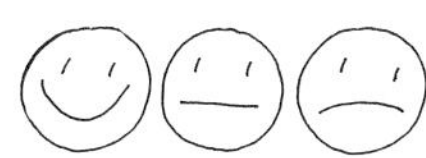

Ziel: Wörter mit nn kennzeichnen und fehlerfrei schreiben

Doppelte Konsonanten

ck

Ergänze die Wörter mit den fehlenden Buchstaben **ck**. Verbinde die Wörter mit den Bildern. Schreibe dann alle Wörter mit den bestimmten Artikeln in dein Heft.

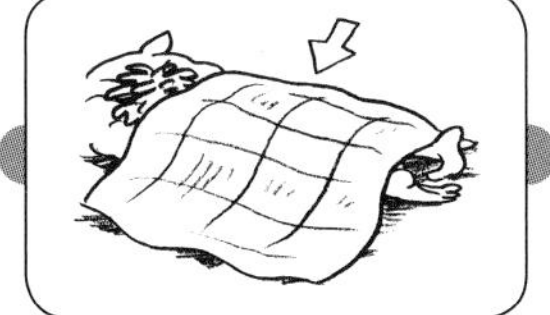

der Ro___ | der We____er | der Sa___ | die De____e

der Sto___ | die Schne____e | der Tre____er | der Bli___

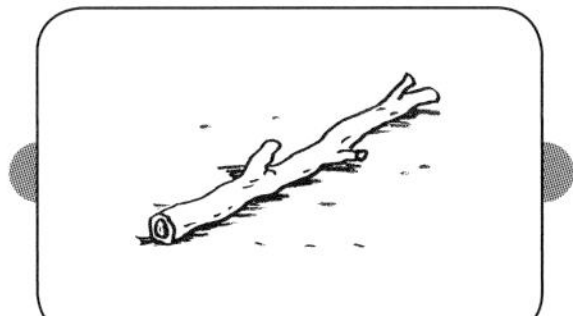

Erledigt am: ______________________ *So hat's geklappt:*

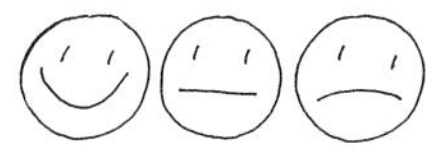

Ziel: Ck/ck einsetzen, Wort-Bildzuordnung erstellen und fehlerfrei schreiben

Lernkontrolle 1: Nomen suchen

Finde im Kastenrätsel 12 Nomen mit doppeltem Konsonanten. Schreibe alle Wörter mit den unbestimmten Artikeln fehlerfrei in dein Heft.

K	i	s	s	e	n	S	z	Ö	K
v	S	c	h	l	ü	s	s	e	l
S	c	h	u	p	p	e	n	W	q
n	j	u	ä	L	a	p	p	e	n
L	a	t	t	e	K	n	a	l	l
d	f	y	c	M	u	t	t	e	r
Z	i	m	m	e	r	y	a	x	c
y	x	S	o	m	m	e	r	Y	J
W	a	n	n	e	S	o	n	n	e
R	o	l	l	e	r	p	g	h	L

Erledigt am: ____________________

So hat's geklappt: 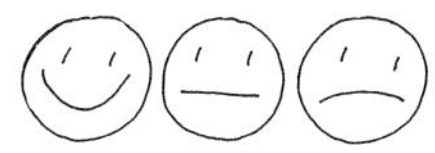

Ziel: Wörter kennzeichnen und fehlerfrei schreiben

Doppelte Konsonanten

Lernkontrolle 2: Verben suchen

Finde zu jedem Wort ein Reimwort. Schreibe die Wortpaare fehlerfrei in dein Heft.

rennen – k____________________ essen – m____________________

retten – w____________________ küssen – m____________________

rollen – s____________________ hassen – f____________________

tippen – w____________________ knallen – f____________________

Erledigt am: ____________________

So hat's geklappt: 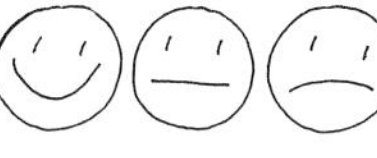

Ziel: Reimwörter bilden und fehlerfrei schreiben

Wörter mit langem i

ie

89 Setze **ie** ein und lies die Wörter. Verbinde Bild und Wort. Schreibe dann alle Wörter mit den bestimmten Artikeln fehlerfrei in dein Heft.

der D___b	das Z___l
die B___ne	die L___be
der R___se	das Sp___l
die Fl___ge	das S___b

Erledigt am: ____________________ *So hat's geklappt:*

Ziel: Wörter lesen, verbinden und fehlerfrei schreiben

Wörter mit langem i

ie

90 Finde zu jedem Wort ein Reimwort. Schreibe die Wortpaare fehlerfrei in dein Heft.

das Bier – der St____________________	die Liege – die Z____________________
der Riese – die W____________________	die Miete – die N____________________
der Krieg – der S____________________	die Biene – die Sch____________________
der Stiel – das Z____________________	das Fiepen – das P____________________

Erledigt am: ____________________ *So hat's geklappt:*

Ziel: Reimwörter bilden und fehlerfrei schreiben

Wörter mit langem i

ie

Setze die Wörter in den Plural und schreibe die Wortpaare in dein Heft.

das Ziel – viele ______________________ das Spiel – viele ______________________

ein Riese – viele ______________________ die Wiese – viele ______________________

die Wiege – viele ______________________ die Liege – viele ______________________

das Tier – viele ______________________ das Sieb – viele ______________________

Erledigt am: ______________________ *So hat's geklappt:* 

Karin Hohmann: Täglich 5 Minuten Rechtschreib-Training

Ziel: Plural bilden und fehlerfrei schreiben

Wörter mit langem i

ie

Setze **ie** in die Lücken ein und lies die Wörter. Verbinde nun, was zusammengehört und schreibe die Wortgruppen fehlerfrei in dein Heft.

sp__len	die L__ge	sp__len	ich l__ge
z__len	das Sp__l	z__len	ich s__be
l__gen	das S__b	l__gen	ich z__le
s__ben	das Z__l	s__ben	ich sp__le

Erledigt am: ______________________ *So hat's geklappt:* 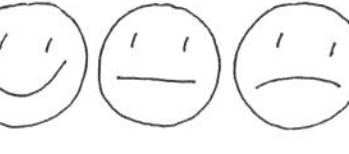

Karin Hohmann: Täglich 5 Minuten Rechtschreib-Training

Ziel: Das ie einsetzen, Wörter verbinden und fehlerfrei schreiben

Wörter mit langem i — ie

Setze die richtigen Personalformen ein und schreibe die Wortgruppen fehlerfrei in dein Heft.

biegen	– ich ______________	– du ______________
liegen	– ich ______________	– du ______________
siegen	– ich ______________	– du ______________
spielen	– ich ______________	– du ______________
zielen	– ich ______________	– du ______________

Erledigt am: ______________ *So hat's geklappt:* 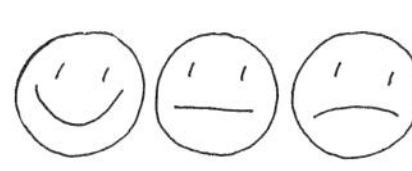

Ziel: Personalformen bilden und fehlerfrei schreiben

Wörter mit langem i — ie

Setze **ie** in die Lücken ein. Verbinde die Wörter, sodass zusammengesetzte Nomen entstehen. Schreibe die Wörter fehlerfrei in dein Heft.

die Z___l	uhr	die S___ger	w___ge
die Sp___l	scheibe	die Puppen	apfel
die Blumen	glas	das T___r	ehrung
das B___r	w___se	der L___bes	buch

Erledigt am: ______________ *So hat's geklappt:*  

Ziel: Das ie einsetzen, Wörter bilden und fehlerfrei schreiben

95 Verbinde Bild und Wort. Schreibe dann die Wörter mit den bestimmten Artikeln fehlerfrei in dein Heft.

	der Biber		die Bibel
	der Tiger		das Radio
	der Igel		die Musik
	das Kaninchen		die Fibel

Erledigt am: ______________________ *So hat's geklappt:* 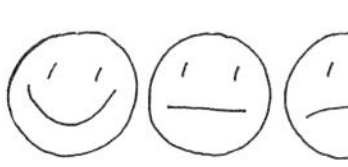

Ziel: Wörter lesen, passend verbinden und fehlerfrei schreiben

Wörter mit langem i

i

96 Finde die 8 Lernwörter im Kastenrätsel und schreibe sie mit den unbestimmten Artikeln fehlerfrei in dein Heft.

B	i	b	e	l	P	I	g	e	l
W	F	i	b	e	l	N	m	x	R
R	a	d	i	o	M	u	s	i	k
K	a	n	i	n	c	h	e	n	d
A	T	i	g	e	r	C	v	X	i
a	M	h	B	i	b	e	r	r	o

→ Suchrichtung

Erledigt am: ______________________ *So hat's geklappt:*   

Ziel: Wörter markieren und fehlerfrei schreiben

Lernkontrolle 1: Nomen bilden

Bilde Nomen mit **ie** und schreibe sie mit den bestimmten Artikeln fehlerfrei in dein Heft.

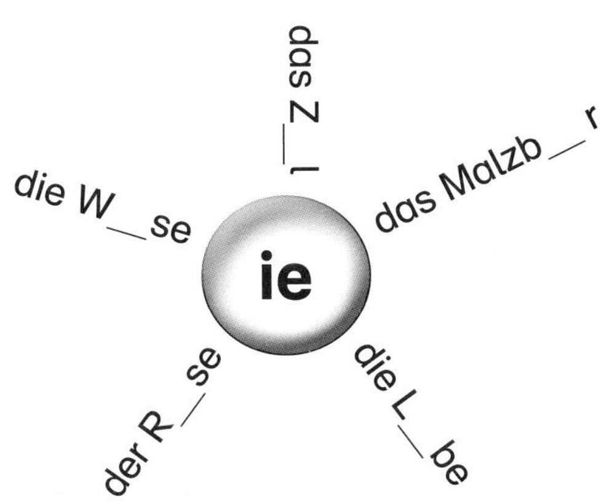

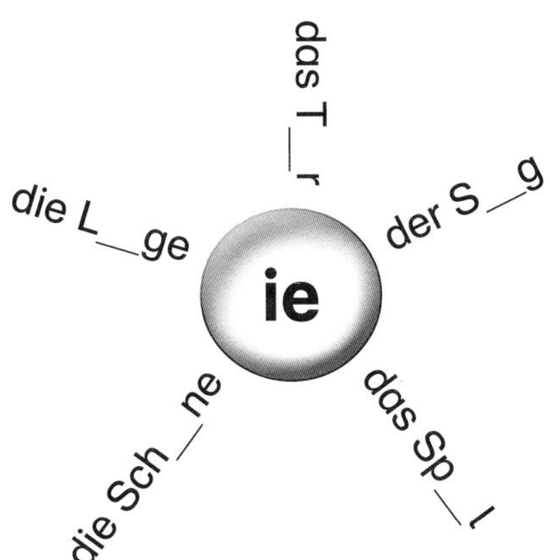

Erledigt am: ____________________ *So hat's geklappt:* 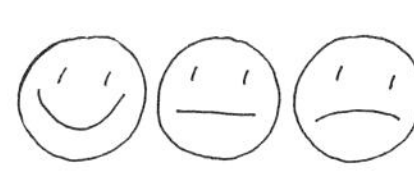

Ziel: Wörter bilden und fehlerfrei schreiben

Wörter mit langem i

Lernkontrolle 2: Passende Verben einsetzen

Setze passende Verben ein. Schreibe die Sätze als Schleichdiktat fehlerfrei in dein Heft.

spielen | liegen | schiebe | lieben | riechen | kriechen

Die Kinder ____________________ Fußball.

Die Schnecken ____________________ langsam.

Die Blumen ____________________ gut.

Viele Kinder ____________________ Eis.

Ich ____________________ das kaputte Fahrrad.

Die Urlauber ____________________ in der Sonne.

Erledigt am: ____________________ *So hat's geklappt:* 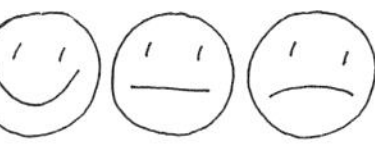

Ziel: Verben einsetzen und fehlerfrei schreiben

Fremdwörter

Lernwörter aus anderen Sprachen

99 Verbinde Bild und Wort. Schreibe dann alle Wörter mit den bestimmten Artikeln in dein Heft.

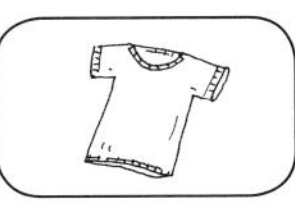	die Pizza
	der Computer
	die Jeans
	das Handy
	die Inliner
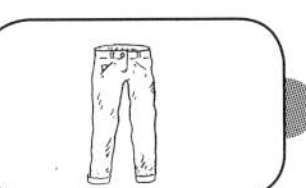	das T-Shirt

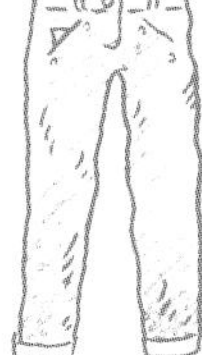

Erledigt am: ____________________ *So hat's geklappt:*

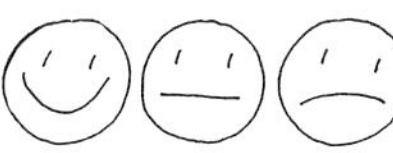

Karin Hohmann: Täglich 5 Minuten Rechtschreib-Training

Ziel: Wort-Bild-Verbindung herstellen und fehlerfrei schreiben

Fremdwörter

Lernwörter aus anderen Sprachen

100 Verbinde Wort und Bild. Setze dann die fehlenden Vokale ein und schreibe die Wörter fehlerfrei in dein Heft.

	die P_zz_
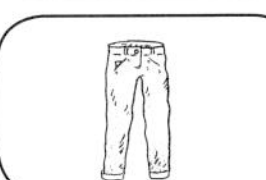	der C__mp__t__r
	die J__ __ns
	das H__ndy
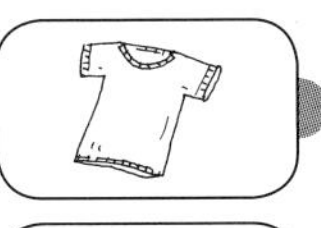	die __nl_n__r
	das T-Sh_rt

Erledigt am:  *So hat's geklappt:*

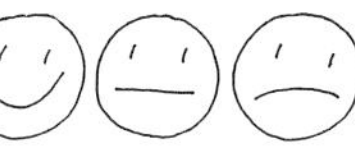

Karin Hohmann: Täglich 5 Minuten Rechtschreib-Training

Ziel: Fehlende Vokale richtig einsetzen und fehlerfrei schreiben

Fremdwörter

Lernwörter aus anderen Sprachen

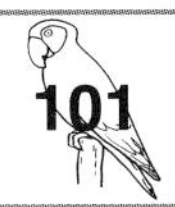

101 Finde 6 Fremdwörter im Kastenrätsel. Schreibe sie fehlerfrei in dein Heft.

C	o	m	p	u	t	e	r
Q	W	A	O	S	T	-	Y
T	P	i	z	z	a	K	L
S	X	U	J	e	a	n	s
T	-	S	h	i	r	t	Ü
R	C	H	a	n	d	y	-
F	I	n	l	i	n	e	r
A	Y	B	-	E	Q	T	U

→ Suchrichtung

Erledigt am: ______________________ *So hat's geklappt:*

Ziel: Wörter markieren und fehlerfrei schreiben

Fremdwörter

Lernkontrolle 1: Lernwörter aus anderen Sprachen

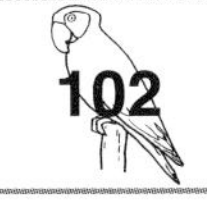

102 Schreibe zu jedem Bild das passende Wort mit dem bestimmten Artikel. Vergleiche und schreibe alle Wörter noch einmal fehlerfrei in dein Heft.

 ______________________________

 ______________________________

 ______________________________

 ______________________________

 ______________________________

 ______________________________

Erledigt am: ______________________ *So hat's geklappt:*

Ziel: Fremdwörter auswendig fehlerfrei schreiben

Arbeitsplan

Hier kannst du markieren, welche Aufgaben du schon bearbeitet hast.
Male die Bilder an, wenn du die Aufgabe erledigt hast.

1	2	3	4	5	6
7	8	9	10	11	12
13	14	15	16	17	18
19	20	21	22	23	24
25	26	27	28	29	30
31	32	33	34	35	36
37	38	39	40	41	42
43	44	45	46	47	48
49	50	51	52	53	54
55	56	57	58	59	60
61	62	63	64	65	66
67	68	69	70	71	72
73	74	75	76	77	78
79	80	81	82	83	84
85	86	87	88	89	90
91	92	93	94	95	96
97	98	99	100	101	102